Jens Riecke SILENT SPACE SALZBURG

VERLAG ANTON PUSTET

Einsame Stille

Einsam, still, allein, verlassen,
ringsum Glanz barocker Pracht,
endlich frei von Menschenmassen
hellt ein Tag sich aus der Nacht.

Größe birgt die fromme Stille,
doch empfindet manches Herz
Leid im Schatten der Gefühle:
Seichte Kunst küsst den Kommerz.

Wolfgang Fels

Domplatz

insomnia

nachts streifen die Unsichtbaren durch die Gassen. ihre Schatten klettern die Wände hinauf, tanzen die Fassaden entlang, verlieren sich hinter der nächsten Hausecke, nur um wiederzukehren, ein versprengtes Rudel irrlichternder Wesen auf der Suche nach sich selbst. es kann schon geschehen, dass ein verspäteter Heimkehrer ihren Weg kreuzt; oder ein von Schlaflosigkeit Geplagter, den die insomnia in die nächtlichen Straßen getrieben hat; oder einer von den Stadtbergen, unbehaust wie sie, findet den Weg nicht zurück in seine Höhle oder sein Bett aus Laub und Unrat und Kot. ein kurzes Erschrecken, die Andeutung eines Kopfnickens in dieser Stadt der Unsichtbaren. Schatten grüßt Schatten

Christoph Janacs

Getreidegasse

Unipark Nonntal

Es ist Zeit, Baby. Schreib den Satz fertig, gib das Heft ab und dann hinaus in die Freiheit! Das hier ist ein Hirngebäude, kalt, herrlich. Gab es noch nicht zu deiner/unserer Zeit. Schreib deine Arbeit fertig über Bob Dylan und so, drüben im Mädchengymnasium von damals, anno 70, im hässlichen Gebäude hinter den drei Bronze-Rehen. Schreib, was wir uns geschworen haben – „make love not war". Das war doch so? Einmal wollte ich dir was auf die Mauer schreiben. Dann ist der Schulwart gekommen. „ICH LIE..." Aber jetzt werden gleich zwei Dutzend Skateboardfahrer durchs Bild flitzen. Und 1000 Studenten dringen in die Stille ein.
Take it easy, kleiner Vogel, wo auch immer du gelandet bist auf dem Flug aus deiner kleinen Schulstadt, Nonntal, in die bizarre Welt ...

Walter Müller

Unipark Nonntal

Kontakt-Aufnahme

die beiden treffen sich auf dem Platz
und kommen doch nie zusammen
verlieren sich nicht aus den Augen
und sind sich so fremd
nebeneinander gefügt
ohne eigenes Zutun
berührungslos
parallel
unendlich lang noch
hoffentlich

Fritz Popp

Goldgasse

Wie oft bin ich schon durch das Neutor gegangen? Viele Tausend Male, denn ich bin im Stadtteil Aiglhof aufgewachsen und lebe schon seit zwanzig Jahren in der Riedenburg, die sich, von der Stadt aus gesehen, gleich hinter dem Neutor in Gassen und Straßen verzweigt.
TE SAXA LOQUUNTUR steht über dem Bogen des Tunnels: „Die Steine erzählen Dir." Was erzählen sie? Die Geschichte einer Stadt, die größer wurde und sich das Land im Westen, auf dem nach und nach die Vorstädte entstehen würden, mit diesem Durchstich erschlossen hat.
Aber was erzählt mir dieses Bild? Ist in der Nacht der Verkehr erstorben, geht niemand ohne Beklemmung in das Neutor hinein; denn der Weg für die Fußgänger, hat man ihn einmal eingeschlagen, bietet für die zwei Minuten, die man braucht, den Mönchsberg zu unterqueren, kein Entrinnen mehr. Zahllose Frauen (und Männer), junge (und alte) haben mir von dem Schrecken berichtet, sich allein in dem nächtlichen Durchgang zu befinden, stets gewärtig, dass ein Gewalttäter sich von hinten nähere oder gerade aus der Gegenrichtung den Tunnel betrete. Ich bin mir sicher, der Fotograf hat genau die letzte Sekunde erwischt, ehe jemand hastig aus der Passage tritt, erleichtert, wieder ins Freie gelangt zu sein.

Karl-Markus Gauß

die Einsamkeit des Leuchtturmwärters

nach und nach entvölkerte sich sein Haupt. glaubten wir zunächst noch, es beträfe bloß die Stirn und es wüchsen wie bei fast jedem Mann mittleren Alters die Geheimratsecken, mussten wir bald feststellen, daß auch Wangen, Nacken und selbst Schultern kahler wurden und schließlich nackt und bleich. die Flora zog sich in immer tiefere Regionen zurück und mit ihr die ohnehin nur spärlich vertretene Fauna. voran gingen die Bäume, dann folgten die Büsche und Gräser, zuletzt Moose und Flechten. zurück blieb eine wüstenähnliche Ödnis, eine ausgetrocknete, zerfurchte Erde, aus der ein einzelner verkrüppelter Baum aufragte – hatte er den allgemeinen Aufbruch verpaßt oder hielt er trotzig Stellung auf verlorenem Posten? – er, der sein dürres Geäst gegen einen ratlosen Himmel reckte

Christoph Janacs

Gaisberg

fbH grubzlaS – Wolfgang Amadé, der geniale Wortverdreher, hätte seine Freude damit gehabt; mindestens einmal hat er Salzburg (ohne Hbf, versteht sich) als „grubzlas" ausgesprochen. So steht es zwar in keinem seiner Briefe, aber wir dürfen es vermuten, muten wir dem Wahl-Wiener! (wäre er doch hier geblieben, der aufmüpfige Kerl, wenn auch ohne große Oper) doch einiges zu mit all den Kugeln und Likören und einer zum Denkmal erstarrten Statue, die ihren einzigen genialen Moment erlebte, als sie der Künstler Anton Thuswaldner mit Einkaufswagerln zupflasterte. Und dies ausgerechnet im Mozartjahr 1991! Schande – über wen?

Wolfgang Danzmayr

Hauptbahnhof

Salzburg

Goldne Schatten sinken nieder,
still und einsam ruht die Nacht,
stumm sind längst des Abends Lieder,
heimlich dämmernd, leis und sacht.

Zur Ruhe hat die Stadt gefunden,
ins Dunkle gleitend rauscht der Fluss,
des Morgens Grau verdrängt die Stunden,
erweckt den Tag mit zartem Kuss.

Wolfgang Fels

Rudolfskai

Pegasus

Fliegender Atem
aus geblähten Nüstern
wild

Steinstaub
unter den Hufen
rot

Landwärts
dröhnende Silben
getragen weithin

Roswitha Klaushofer

Hofstallgasse

Das graue Band der Straße, grün gesäumt von Gras, Baum, Gestrüpp. Wohin führt es? Jedenfalls nicht geradewegs in den Höllenschlund, denn ein helles Gebäude scheint freundlich darauf zu warten, dass man endlich, nach langem Wege, zu ihm gelange. Als ich ein junger Schriftsteller und es einzig meiner Frau überlassen war, die materielle Existenz der Familie zu sichern, bin ich, während sie als Lehrerin in der Schule unterrichtete, oft mit meinen Kindern die Hellbrunner Allee hinausgezogen: Die Tochter im Buggy, fröhlich ihrem Bruder hinterherquäkend, der ein paar Schritte vorauslief oder links und rechts ins Gelände hinein. Allerdings: An diesem asphaltierten Stück hieß es immer aufpassen, denn anders als auf dem Bild störten daherbrausende Autos hier unser Glück, das auch darin bestand, unsere Aufmerksamkeit auf Wichtiges zu richten und nicht auf den Range Rover oder den Geländewagen, mit dem sich manche dorthin begeben, wo sie sich paradoxerweise Ruhe und Frieden von ihresgleichen erhoffen.

Karl-Markus Gauß

Hellbrunner Allee

Anprobe

die schöne Stadt
hält sich eine Vorstadt
hier probiert sie
die neuen Kleider
nackt wie der Architekt
sie schuf

Fritz Popp

Heizkraftwerk Mitte

con più fuoco

wer den Spalt im Vorhang findet, darf einen Blick aufs Publikum werfen: da sitzen sie in andächtiger Erwartung dessen, was auf sie zukommen wird, oder blättern im Programm (wissen sie überhaupt, was gespielt wird und von wem?) oder tuscheln nervös mit den Nachbarn. irgendwo hüstelt jemand; sofort fällt der Chor der Stimmbrüchigen ein. molto vivace. das ist unser Zeichen: wir treten auf, wir treten vor, wir verneigen uns, wir setzen uns, wir klappen die Notenblätter auf, wir setzen die Instrumente an, wir erstarren. nach exakt fünf Minuten und zwölf Sekunden setzen wir die Instrumente wieder ab, erheben uns, verneigen uns und verlassen die Bühne. Skandal! ruft uns einer nach (der Hüstler?), Buhrufe erschallen (die Stimmbrüchigen, wer sonst), vereinzelte Versuche von Applaus (die schweigende Minderheit). aber das ficht uns nicht an: der Komponist ist zufrieden, mehr noch: begeistert: er hüpft auf der Stelle, winkt mit den leeren Notenblättern, schüttelt die Perücke und ruft: molto bene, Poz Himmel Tausend sakristey, das nächste Mal aber con più fuoco, wenn ich bitten darf

Christoph Janacs

Mozarteum, Schwarzstraße

Mönchsberg

Ich bin schon lange draußen aus dem Bild, fünfzig Jahre lang oder mehr. Hinterm Licht, hinter den Schatten. Außerdem ist das in Wirklichkeit ein Herbstweg, ein Spätherbstweg. Nur bei Laub zu betreten. „Betreten Sie diesen Weg erst, wenn die Blätter gefallen sind!" In den Ästen, unsichtbar, hocken die Vögel – hört ihr sie? – und singen Sommerlieder, bis ihnen die Novemberblätter das Maul stopfen, in ihre Schnäbel fallen und sie daran ersticken. Was raschelt, wer raschelt im Laub? Das Einhorn? Der Marienkäfer? Irgendein kleinerer Gott? Mein Vater, unbekannterweise? Ach, Mutter, warum hab ich dich nicht gefragt, damals, bei unseren Sommerspaziergängen, Hand in Hand, über den verfluchten, gebenedeiten Mönchsberg, anno Schnee.

Walter Müller

Mönchsberg

Die Festung wurde errichtet, auf dass die Erzbischöfe, wenn das Volk sich erfrechte, unstatthafte Forderungen zu erheben, aus sicherer Entfernung auf Bauern und Bürger hinunterschießen lassen konnten. Wann fängt man an, ein Bauwerk, das der Repression diente und nicht errichtet wurde, um ästhetisches Wohlgefallen zu bewirken, dennoch als schön zu empfinden? Längst gehört die Festung zum inneren Bild, das ich von meiner Stadt habe, egal, wo ich mich gerade aufhalte, ihr Anblick ist mir lieb und vertraut, sodass ich mir die Stadt ohne sie gar nicht vorstellen mag. Die Schönheit der Festung, die sich mitten aus der Stadt über diese erhebt, kann man erst empfinden, wenn vergessen wurde, was über Jahrhunderte ihre Funktion war. Selbst wenn das Mobiliar der Burgschenke nicht zu übersehen ist, gibt das Foto der Festung das Trutzburgartige, Lebensfeindliche ihres ursprünglichen Zwecks zurück. Keine exerzierende Truppe ist zu sehen, aber dennoch zu spüren: die Bestimmung der kleinen Stadt über der Stadt war es nicht, ein Ort heiterer Lebenskunst zu sein.

Karl-Markus Gauß

Festung Hohensalzburg

Inzwischen sind auch wir Durchgangsbahnhof geworden, knapp an der nicht mehr vorhandenen (in den Köpfen und Ämtern schon noch, klar) Grenze zum EU-Nachbarn Deutschland. Und wir haben in Stadtberge gehauene Garagen mit Tunnelzugängen, ganz so wie bei der Bahn; als Ersatz sozusagen für nicht nötige Bahntunnel, zumindest im Stadtbereich. Doch, einen gibt es: wir Salzburger nennen ihn den kürzesten U-Bahn-Tunnel der Welt, den von der Lokalbahn, die sich als echte U-Bahn so gar nicht weiter in die Stadt und darüber hinaus ausbreiten möchte. Ob damit der dieses Städtchen sprengende Individualverkehr weniger würde? Nicht einmal durch den von Manchem heiß ersehnte und heftig diskutierte Durchbruch durch den Kapuzinerberg ließe sich das Problem noch lösen.

Park & Ride? Na geh, das kostet uns doch viel zu viel an wertvoller Zeit, die wir in irgendwelchen Öffis verbringen sollen, um den Sound of Music endlich inhalieren zu können! Da lassen wir uns lieber von einem Polizisten, der nicht kapieren will, wie wichtig ihm dieser unser Salzburg-Besuch sein sollte, wieder zurückwinken, und schimpfen auf diese „Salzbürger". Und wenn wir es doch irgendwie geschafft haben, die heilige Innenzone mit dem Automobil zu erreichen, machen uns diese aus dem Boden sich erhebenden Penisobjekte, scheinheilig „Poller" genannt, den Wagen auch noch kaputt.

Also doch lieber mit der Bahn anreisen, mit Eurocity, railjet, Westbahn oder S-Bahn, die angeblich Talent haben soll, weil sie so heißt?

Wolfgang Danzmayr

Zugang Parkgarage Mönchsberg

Residenzplatz

Morgenlicht in sanfter Stille,
friedvoll ruht der weite Ort,
bunt im Schatten der Gefühle
dämmert stumm ein leeres Wort.

Doch bald weicht die Nacht dem Tage,
Wolken öffnen sich dem Licht,
Menschen wogen, Hast und Plage
weist den Platz in neuer Sicht.

Wolfgang Fels

Residenzplatz

Vogelfrei

Wohin
können wir
sehen
die Vögel
singen
in der Luft
flirrt
der Morgen
streicheln
die ersten
Sonnen

streifen
mein Gesicht

Roswitha Klaushofer

Buddhistische Stupa, Mönchsberg

Steingasse

Aber jetzt ist es still. Ganz still. Jetzt klappert kein Pferdehuf, jetzt klappert kein Bocksfuß. Die Rösser schlafen in den dunklen Ställen außerhalb der Stadt. Keine Geschäfte mehr zu erledigen bis morgen früh. Der Teufel hat dreimal an der Türe zum Freudenhaus geläutet, Sturm geläutet. Und keine, keine einzige von den herrlichen Damen hat ihm geöffnet. Jetzt liegt er, hundert Meter westwärts, drunten an der Salzachböschung, besoffen und gram, und wartet auf ein Hochwasser wie jenes im Jahre 2013, das ihn nach Hause spült in die süße, süße Unterwelt. Totenstille. Nur ganz leise, aus dem obersten Stockwerk, außerhalb des Bildes, dringt eine kleine Stimme, wie aus dem Himmel, durchs halboffene Fenster in die Nacht: „... Zusatzzahl 34 ..."

Walter Müller

Steingasse

Auf einem Schleichweg, der eigentlich den Bühnenarbeitern vorbehalten ist, gelange ich über die Hinterbühne des Kleinen Festspielhauses, welches jetzt „Haus für Mozart" heißt, durch einen kellerartigen Gang an der Rückwand der Felsenreitschule und vorbei am Karl-Böhm-Saal ins Faistauer-Foyer, durch dessen Seitentür man direkt den zentral gelegenen Hof erreicht.

Es ist ein hässlicher Hof, durchgehend asphaltiert ohne ein bisschen Grün. Und doch hat er so viele wechselnde Herrlichkeiten zu bieten mit all den Menschen, den Bühnenarbeitern, Statisten, Sängern, Dirigenten, Orchestermusikern, Billeteuren, Putz- und Garderobefrauen, Technikern, Rundfunkleuten aus aller Welt, Menschen aus der Verwaltung bis hinauf zu den Mitgliedern der Direktion, die sich ebenfalls hier gerne sehen lassen, in Alltagskleidung, in Kostümen oder in Abendrobe, geschminkt oder mit von schweren Arbeiten in den Werkstätten schmutzigen Händen, Chauffeure, Lastwägen, Direktionswägen und der Kleinbus, welcher die „Jedermann"-Darsteller bereits fertig geschminkt und kostümiert zum Domplatz bringt, jedes Wetter kennt, den prallen Sonnenschein, Kälte und Hitze, oder den auf das schon verwitterte Plastikvordach prasselnden Gewitterregen: Hier ist das Zentrum, hier gehen, schlendern, schreiten, eilen, laufen sie alle durch, stehen in Gruppen beieinander oder alleine, die Raucher ganz in der Nähe des überdimensionalen mit feinem Sand gefüllten Standaschenbechers, tratschen, lachen, oder ärgern sich über irgendwas, trinken ein Kaffeegebräu aus braunen Plastikbechern, die überallhin, nur nicht in die dafür vorgesehenen Behälter ein paar Schritte weiter entsorgt werden, ist eine noch rasch ihre Koloraturen übende Sängerin zu hören und zugleich die Vorstellung-beginnt-oder-geht-weiter-Klingel aus dem Haus heraus, der die unaufgeregte Aufforderung des Inspizienten an die Mitwirkenden für das zweite Bild, „sich bitte nun auf die Bühne zu begeben", folgt und damit dem Trubel im Hof ein Ende setzt.

Heute tut sich gerade nichts. Ein paar wenige Opernvorstellungen wird es noch geben und einige Konzerte, dann ist sie wieder vorbei, Salzburgs sommerliche Hochzeit.[1]

Wolfgang Danzmayr

Festspielhaushof

Zwei Fahnen. Was haben Fahnen mit dem Geist, mit den Wissenschaften, der Forschung, mit einem Ort zu tun, an dem nicht die Macht, sondern der Disput freier Menschen, nicht die Dogmen der Autorität, sondern Argumente zählen sollten? Wo sind die Studenten und jene geblieben, die sie unterrichten? Die Fahnen flattern nicht einmal, und das Einzige, was von den Studenten zeugt, sind drei abgestellte und zwei umgestürzte Fahrräder. Ich habe den neuen Unipark in Salzburg des Öfteren in kritischen Augenschein genommen, und er gefällt mir. Wie der Fotograf ihn mir zeigt, weiß ich allerdings nicht, ob er ein Gefängnis, eine Gedenkstätte oder eine Lagerhalle beherbergt. Ein Ort der Aufklärung sieht anders aus. Aber ich möchte, dass die Universität ein Ort der Aufklärung ist.

Karl-Markus Gauß

Unipark Nonntal

Licht

Still der Weg im Morgenschweigen,
leuchtend wogt in zartem Grün
bunter Wiesenblumen Reigen,
die im Glanz des Lichts erblühn.

Friedvoll, sanft, in leiser Stille
dämmert zart des Tages Licht,
leerer Traum sind Wunsch und Wille,
dass des Friedens Bild nie bricht.

Bald schon sinken Schatten nieder,
Sonnen fliehn der dunklen Macht,
hört des Abendwindes Lieder,
sanft getragen durch die Nacht.

Wolfgang Fels

Mönchsberg

Komödie
Lasciate ogni speranza, voi ch'entrate.
Dante, Divina Commedia

du hast keine andere Wahl: hinauf oder hinunter. hinauf, das heißt ins Elysium der Kunst, wo du dich, wenn sich die Lifttür öffnet, in einem Bunker tief unter der Erdoberfläche wähnst mit kahlen Betonwänden und einer wenig einladenden Treppe, über die du erst nach und nach ins Reich der Sinne gelangst; oder hinunter, das heißt in die Gedärme der Stadt mit ihrem Gestank, ihrer Finsternis und einem endlos scheinenden, sich immer wieder neuen Gängen öffnenden Labyrinth, in dem Tausende Fahrzeuge lagern und nicht nur diese. das ist deine Alternative: hinauf oder hinunter. ein Dazwischen gibt es nicht. aber in Wahrheit ist es gar keine Alternative. wo auch immer du bist, du hast nur eine Wahl: den Knopf drücken für die andere Seite

Christoph Janacs

Mönchsbergaufzug

Offene Stadt

Städte erhöhen das Niveau
mit großem Aufwand erhalten wir
immer die oberste Schicht
zukünftiger Ausgrabungen
schaffen uns festen Grund
und wischen den Staub ab
stetig steigt so unser Niveau
so heben wir uns
über die versiegelte Vergangenheit
gegen den Strom der Zeit
tiefer unten aber gräbt sich
der Fluss ein neues Bett
und räumt bereits
mit den ältesten Schichten auf

Fritz Popp

Rathausplatz

Gaisberg

Du weißt, dass ich kein Skifahrer bin. Warum schickst du mich da runter? Ich breche mir den Hals, ich hol mir den Tod! Ich würde tausend Mal lieber mit dir hier heroben sitzen, mit klammen Fingern, steif gefrorenen Füßen, mit angefrorenem Hintern. Du und ich, zwei Menschen im ewigen Eis gefangen, damals. Aber du bist längst drunten, in Salzburg-Stadt, und ich hänge in irgendeinem Hohlweg fest, im Baumgewirr, hänge fest zum Gespött der anderen. Links unten, dort wo sich die verlorenen Seelen treffen, bevor sie mit abgeschnallten Skiern ins Tal steigen, mühsam, einen Tag und eine Nacht lang. Ich hänge im Gebüsch und träume davon, ich würde mit dir hier heroben sitzen, wir, zwei entflammte Eissäulen, die auf den Sonnenuntergang warten.

Walter Müller

Gaisberg

Zwischen
dieser Klammer
sind wir
versteckt
nicht unsichtbar

bleiben
wir beweglich
die unbekümmerten
Jahre sind aus

gestorben die Alten
und ihre Träume
sind unsere und
unsere werden
zu euren

So laufen Ahnen
worte von
einem Jahrzehnt
ins nächste

Bild drängeln
die Jungen
tummeln sich
an den gleichen Plätzen

Roswitha Klaushofer

Gstättentor

Sehnsucht

Hör der Sehnsucht stille Klage,
was die Träume dir erzählen,
such die Antwort auf die Frage,
welchen Weg soll ich nun wählen?

Düstrem Dasein zu entfliehen,
das an Ketten dich gehängt,
gleich dem Windhauch fortzuziehen,
frei und völlig unbeengt.

Wolfgang Fels

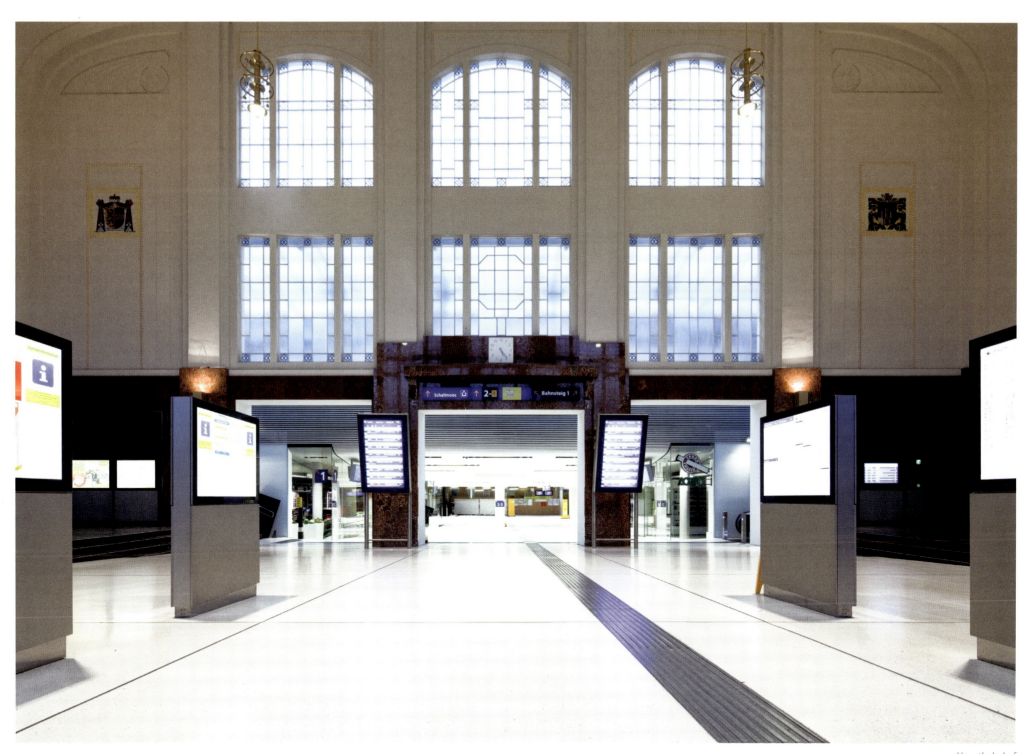

Hauptbahnhof

Salzburg war mir von den Sommerkursen her bekannt, mit guten Erinnerungen verbunden und daher sympathisch. Es ist eine in ihrem Kern umwerfend schöne Stadt. An lauen Sommerabenden, beim Bummeln durch die Altstadt oder über den Mönchsberg, tagsüber auch auf dem Kapuzinerberg oder auf der Festung, das alles war mir ebenso vertraut wie Mülln oder das Linzergassenviertel und natürlich das Große Festspielhaus mit seiner, von mir sehr geliebten, überbreiten Cinemascope-Opernbühne! Salzburg war und ist das, was ein lieber Freund, der brasilianische, viel zu früh verstorbene Geiger und Gitarrist Paolo Volkmer, einst treffend als „perfekte Kulisse des Scheins" charakterisiert hat.[2]

Wolfgang Danzmayr

Festspielhaus

Es war in der Ära Ronald Reagans, dass ein Professor in Salzburg, schäumend vor kunsthistorischer Begeisterung, vor sein studentisches Publikum, unter dem auch ich mich befand, trat und die zivilisatorische Errungenschaft der Neutronenbombe pries. Diese, die damals geplant, aber niemals zur betriebsfertigen Serie entwickelt wurde, sollte Menschen vernichten, ohne in der Welt, die um sie war, Schaden anzurichten: tot die Menschen, unversehrt die Kirchen und Paläste, die Parks und Wälder. „Stellen Sie sich vor", schrie der Professor in den betretenen Hörsaal, „man wird Städte und Länder erobern und kein einziges Fenster einer gotischen Kathedrale wird zu Bruch gegangen sein!" Er schwärmte davon, Städte zu entvölkern, und hegte dabei konservatorische Ideale, wie es sich für einen humanistischen Vertreter seines Faches geziemt. Warum Bauwerke schützen, wenn ihre Bewohner getötet werden, habe ich mich damals gefragt. Was ist hier am Alten Markt passiert, frage ich mich jetzt.

Karl-Markus Gauß

Alter Markt

damals

damals, als dich ein Wort berührte wie
eine wärmende Hand, dich traf im Befehl: sei!,
als dir Wörter und Sätze entkamen,
ein Rudel fröhlich kläffender Hunde

damals, als das Licht so diffus war,
dass du so scharf sahst wie nie zuvor,
und dein Ohr das Trippeln der Ratten vernahm,
leise und unmissverständlich

damals, als deine Haut sich abzulösen begann,
du dich schältest, dich deiner Grenzen ent-
kleidetest und von dir langsam Abschied nahmst

damals, als deine Schritte noch Spuren hinter-
ließen, als du den Stein hinaufwälztest und er
liegen blieb, ein einziges, ewiges Mal

Christoph Janacs

Kommunalfriedhof

Hier ist der Platz der Festspieleröffnung
Hier ist der Platz des Rupertikirtags
Hier ist der Platz des Christkindlmarktes
Hier ist der Platz der Silvesterparty

Hier ist der Platz mit dem Brunnen
Hier ist der Platz mit dem Glockenspiel
Hier ist der Platz mit dem Flusssteinpflaster
Hier ist der Platz mit den Rössern und ihren Kutschern

Hier ist der Platz der Sportveranstaltungen
Hier ist der Platz der Live-Konzerte
Hier ist der Platz der Touristen
Hier ist der Platz des Gedenkens

Hier inszenierte Karl Springenschmid
die Bücherverbrennung Österreichs

Roswitha Klaushofer

Residenzplatz

Steine und Träume

Vom Strömen umspült
verändern sie sich
und atmen steinern
im Wechsel eigener Gezeiten

Träumend geschehen lassend
bin wachend ich ihnen gleich

Wolfgang Danzmayr

Salzach

Trunkener Schatten

In trunkenem Schatten verdämmert die Nacht,
verliert sich in düsterem Schweigen,
verklungen die Lieder, voll Sehnsucht erdacht,
verstummt sind die flüsternden Geigen.

In zart fahlen Lichtern erwacht neu der Tag,
er sehnt sich nach Musen des Schönen,
und findet vollkommene Kunst, die vermag,
des Suchenden Herz zu verwöhnen.

Wolfgang Fels

Hofstallgasse

Fest in Hellbrunn

das Fest in Hellbrunn, so heißt es
gibt es nicht mehr
kein Wort ist wahr

auch ohne Musik und Theater
täglich das Fest der Wiesen
von Hellbrunn

inszeniert in wechselnden Prospekten
großzügiges Naturstück
in mehr als vier Jahreszeiten

Fritz Popp

Hellbrunn

Kapitelplatz

Dahinter aber, drinnen im Dom, waren schon Erzbischöfe aufgebahrt – da ist der Mann auf der Kugel noch mit den Mücken geflogen! Da hat man (wo sind diese kecken, faustdicken barocken Zeiten!) Pfaffenwitze gerissen, derbe Spiele gespielt, einmal im Jahr, vor dem Dom, im Dom, links hinten, im Fasching. Hat man dem Kirchenfürsten den blanken Hintern gezeigt! Aber am Aschermittwoch war alles wieder beim Alten. Hinten drin, hinter dieser steinernen Macht, toben die Posaunen, tänzeln die Flöten. Jeden Sonn- und Feiertag. Zu Gottes Ehre. Hört ihr?! Der hemdsärmelige Mann steht stramm. Der lacht nie. Der weiß von nichts. Irgendwann holt er die Pistole aus dem Hosensack und schießt sich ein Loch in den Kopf, vor lauter Einsamkeit.

Walter Müller

Kapitelplatz

Blick vom Mönchsberg

steinern

wir lieben Steine, in jedem Zustand, jeder Form und jeder Farbe, als Konglomerat oder pur, mit Einlassungen, angereichert von Zeit in ihren unterschiedlichsten, unauslotbaren Zuständen, bis hin zur reinen Leere, als umschließe der Stein eine Perle, für die uns jeder Begriff fehlt. am meisten aber lieben wir ihn behauen, wenn der Stein in Bewegung gerät und sich aus ihm Gesichter, Körper, Gestalten und Wesen schälen, Abbilder unserer grenzenlosen Phantasie, Zeugnisse von dem, was sich im tiefsten Inneren verbirgt und nur darauf wartet, durch unsere Hände in den Stein fahren zu können. oder sollten wir besser sagen: aus ihm sich schälen zu dürfen? manchmal allerdings gelingt uns ein Ausdruck, eine Geste, ein Wesen, das so nicht geplant war, das einfach geschieht, entgegen unser Tun entsteht. in ihm, ausgerechnet in ihm erkennen wir uns, schmerzvoll, wieder

Christoph Janacs

Schloss Hellbrunn, Wasserspiele

Einst und Jetzt

Wo dereinst vor vielen Jahren
dicke Festungsmauern waren,
ist schon lang nichts mehr zu sehen,
Macht und Eitelkeit vergehen.

Alter Bäume mächt'ge Schatten,
Zeugen längst vergessner Taten,
als geklagt in Gottes Namen
Schuldlose ums Leben kamen.

Wo man endete in Buße,
frönt man heute dem Genusse,
Speisen gibt es hier und Trank,
neue Zeiten, Gott sei Dank!

Wolfgang Fels

Richterhöhe, Mönchsberg

Niemand
der zur Arbeit
geht

sich die Zeit
vertreibt
vor den Auslagen

Gasthöfe und Galerien
geschlossen
Im Café Triangel
keine Künstler
anzutreffen
Der Eingang
zur Kollegienkirche
versperrt

Die Bewohner
dieser Häuser
stellen sich schlafend

Kein Musiker ist
unterwegs
zu den Proben

Roswitha Klaushofer

Wiener-Philharmoniker-Gasse

Wir gehen wieder eine Weile schweigend dahin, sind jetzt bei den Stufen angelangt, die hinter dem Faltdach der Felsenreitschule vorbei hinunterführen in den Toscaninihof. Ich nehme das Gespräch wieder auf.

„Ich bin auch traurig, weil das Leben immer wieder und fortschreitend wahrscheinlich noch häufiger von Abschieden bestimmt ist, bis zum endgültigen großen Abschied vom Leben selbst. Aber wenigstens haben wir unsere Zeit miteinander gehabt, gelebt und genossen! In meiner Kindheit habe ich einmal einen wunderbar traurigen Liebesroman gelesen über einen Ehebruch mit all der aufwühlenden Verliebtheit und Erfüllung einer Liebessehnsucht und der schließlich unvermeidbaren Trennung der beiden Liebenden voneinander. Der Roman – er hieß, ich glaube mich richtig zu erinnern, *Leuchtende Tage* – endete mit einem Gedicht, das in etwa so ging: *Leuchtende Tage – nicht weinen, weil sie vergangen, sondern lächeln, weil sie so schön gewesen*. So lautete die Aussage, an die ich oft denken muss."

Wir sind inzwischen im Toscaninihof neben dem Festspielhaus angelangt, stehen einander gegenüber, sehen uns an. „Sollen wir hier schon Abschied nehmen?"

„Ja, hier. Wenn wir es jetzt hinauszögern, tut's noch mehr weh." Marie-Violetta beginnt zu weinen. „Danke, lieber Alfred; oder Alfredo? Danke für alles. Du warst mir der beste Freund und noch viel mehr."

„Ja, ma Violetta. – Ein paar Schritte von hier entfernt sind wir einander zum ersten Mal begegnet. Und es sieht ganz so aus, als ob wir uns hier zum letzten Mal in die Augen schauen. – Ich danke auch dir. Du bist eine große Bereicherung für mein Leben – gewesen?"

Jetzt kommen auch mir die Tränen. Eine letzte Umarmung, ein Kuss auf nasse Wangen, und ...

Nicht weinen, sondern lächeln.[3]

Wolfgang Danzmayr

Toscaninihof

Den Ritzerbogen habe ich immer gemocht. Dort befindet sich eine winzige Trafik, mit für Salzburg überraschend freundlichen Trafikantinnen, fast gegenüber ist ein Hinweisschild auf die Dichterin Sedelmeier angebracht, die hier vor 150 Jahren als Händlerin für Rauchwaren ihre Existenz bestritt, und im letzten Drittel kann man sich auch noch die Auslagen einer Buchhandlung ansehen, die die interessanteren Bücher allerdings in der Gasse rechts ums Eck ausstellt. Das fast heimelig leuchtende Bild führt mir vor Augen, dass im Ritzerbogen dieses Mal etwas fehlt. An seinem Ende, links am Eck, steht jahraus, jahrein den ganzen Tag über eine aus Asien stammende Frau, die die Obdachlosenzeitung „Apropos" verkauft. Sie gehört zu meinem Salzburg, und das Bild erinnert mich daran: Unachtsam, wie man in seiner eigenen Stadt unterwegs ist, gehe ich oft an ihr vorbei, ohne mir recht bewusst zu werden, sie auch heute wieder gesehen zu haben. Auf dem Bild aber ist sie auf paradoxe Weise gerade durch ihre Abwesenheit anwesend, und so bringt der Fotograf das Kunststück zuwege, mich an das zu erinnern, was auf seinem Bild ausgespart ist.

Karl-Markus Gauß

Ritzerbogen

Litanei am großen Platz

du
Platz der versäumten Verpflichtungen
Platz der aufgeschobenen Termine
Platz der verschwommenen Gesten
Platz der vergessenen Geheimnisse
Platz der aufgelösten Versprechen
Platz der faulen Kompromisse
Platz der hohen Erwartungen
Platz der verlorenen Träume
Platz der eiligen Schritte
Platz der langsamen Schatten
Platz der unbekannten Zukunft
Platz der endlos langen Kindheit
bleib wie du bist

Fritz Popp

Anton-Neumayr-Platz

Himmelfahrtskommando

nicht auszudenken, wir beträten den Turm und fänden uns als Teil des Kunstwerkes wieder, wohin wir uns wendeten, es gäbe keinen Ausgang, bloß eine Öffnung, durch die nur der Eintritt möglich wäre, wer hereinkommt, kommt nicht mehr hinaus, und mit jedem neuen Besucher würde der Raum enger, wir wären gezwungen, die Wände hinaufzuklettern, um den Nachdrängenden Platz zu machen, aber die Wände wüchsen mit jedem, der zu klettern versucht, fänden kein Ende, schon ist der Turm Dutzende, nein, Hunderte Meter hoch und die Öffnung so fern, dass kaum noch Licht hereinfällt, und noch immer drängen Menschen nach – nicht auszudenken, wir beträten den Turm und wären für den Rest unseres Lebens ein Kunstwerk

Christoph Janacs

Sky space, Mönchsberg

Liebesschlösser am Makartsteg

Einer zählt alle Schlösser
Einer mischt die Farben
Einer schreibt Liebesbriefe
Einer klebt Risse
Einer trauert

zeichnet rote Kreise
betrinkt sich
sucht den Schlüssel
will nicht mehr sein

Einer feiert Hochzeit
Einer ritzt Herzen in sein Schloss
Einer balanciert

bemalt mit Kreide den Boden
singt Galgenlieder

Einer wartet bis zum Morgengrauen

Roswitha Klaushofer

Makartsteg

Der Weg zu Dir

Herr, du hast nach mir gerufen
und ich fühl, bald muss ich gehen,
mühsam sind mir schon die Stufen
auf dem Weg, vor dir zu stehen.

Und so geh ich Schritt um Schritte,
wissend, ich bin nicht allein,
blick zu dir auf mit der Bitte:
Kannst du mir mein Tun verzeihn?

Sind die Sünden erst vergeben
werden mir die Stufen leicht,
dankbar schenk ich dir mein Leben,
hab ich einst mein Ziel erreicht.

Wolfgang Fels

Imbergstiege

Hellbrunn

Die Liebste, Gott waren wir jung!, ist aus dem Bild gegangen und nach Amerika abgereist. Au-pair-Jahr. In elf Monaten wird sie wiederkommen. Ob wir uns noch erkennen? An unserem Lächeln? Wir sind einen Tag und eine halbe Nacht lang auf der Parkbank gesessen, auf der zweiten ... der dritten? Am letzten Tag, in der letzten Nacht. Sie hat mir von ihrer Liebe zur ihrem grad geborenen Nachzügler-Schwesterchen erzählt (Constanze, wie die von Mozart!), ich ihr von meiner Liebe zur indischen Musik. Riecht es hier nach einem Joint? Ein Jahr Amerika oder zwei. Ich halte noch immer eines der Bänkchen frei, bei Regen und Sturm. Dass du es weißt: Ich hab jetzt einen Bart wie ein grauer Wolf. Okidoki, Baby. Hast du gehört, dass Ravi Shankar gestorben ist?

Walter Müller

Hellbrunn

Was ich für die zwei größten Erfindungen
in der Geschichte der Menschheit halte?
Die Stadt und die Schrift. In den modernen
Städten haben die Bilder und Zeichen über
die Schrift gesiegt; wo die Schrift noch zur
urbanen Orientierung eingesetzt wird,
dort wirkt sie bereits wie aus dem Museum.

Karl-Markus Gauß

Dombögen

Bitte nicht stehen bleiben

Sag, wo waren wir stehen geblieben?
Beim Reden über die versteckte Poesie des Ortes?
Auf Gemeinplätzen ohne Einsicht in unbekannte Schönheit?
Wohin führt uns die Stadtplanung?
Ist Platz dort für uns oder nur für Stadtmöblierung?
Mangelt es an Aussichten?
Warum sind die Einzelsitze so traurig?
Wer steht unter dem Regiment der Riesengurken?
Wo waren wir stehen geblieben?
Auf der Konsensfläche, dem Bündnis der Schnittflächen?
Und wo stehen wir jetzt?
Im Vorraum eines Festsaals? Sind wir fehl am Platz?
Gehen wir weiter –
im ständigen Gespräch mit der Stadt.

Fritz Popp

Furtwänglerpark

Und das Letzte
wird uns verborgen
bleiben
wir morgen auch
noch
in dieser Stunde
beginnen
die Spatzen
zu pfeifen
habe ich
verlernt
über Stiegen
durch Tore
zu tanzen?

Roswitha Klaushofer

Klausentor

Vor ihrer Abfahrt nach Salzburg sprachen die Mantlers noch eine Einladung an die Wankas aus:

„Kommt uns doch so bald wie möglich in Salzburg besuchen; es gibt gerade so viel Neues und Interessantes bei uns zu sehen: Vor zwei Jahren war der Kaiser bei uns zu den Feierlichkeiten der Aufstellung einer Statue der Kaiserin – sie ist nur so fürchterlich dünn, die Arme! – in Froschheim, ach, wir sagen noch immer so, dabei heißt der Teil Salzburgs um den Hauptbahnhof jetzt Elisabethvorstadt. Das ist gleich neben dem *Grand Hotel de l'Europe*, in welchem ihr logieren könntet; natürlich seid ihr von uns eingeladen! Aber wenn ihr noch zentraler wohnen möchtet, bietet sich das *Hotel Schiff* direkt am Residenzplatz mit seinem schönen Barockbrunnen an. Wir könnten dann auf den Mönchsberg mit dem elektrischen Aufzug fahren oder gleich auf die Festung mit der Standseilbahn, dort etwas trinken und die unvergleichlich schöne Stadtaussicht genießen, oder noch höher hinauf mit der Bahn auf den Gaisberg. Und mit der Dampftramway, die sie ohnedies bald schon elektrifizieren wollen, fahren wir in den Süden zum Schloss Hellbrunn. Ein Erlebnis ist auch eine Fahrt mit der Pferdetram mitten durch die Altstadt beim Tomaselli-Kiosk vorbei. Wir möchten euch aber auch gerne einladen zu einer Aufführung im Hoftheater mit seiner stuckverzierten Fassade und der eleganten Auffahrt; natürlich ist es kleiner als eure Opernhäuser und Theater, aber es ist wirklich auch innen köstlich schnuckelig. Sogar einen *Mozartsteg* haben sie jetzt gebaut, gerade ein paar Schritte vom Denkmal des Schöpfers der *Zauberflöte* entfernt!"

So warben die Mantlers für ihre Stadt, dem „Italien des Nordens", wie sie ihr Salzburg auch nannten, und die Wankas versprachen bald zu kommen; nur die Hochzeit wolle man doch noch in Wien ausrichten.[4]

Wolfgang Danzmayr

Alter Markt, Tomaselli

Schlachtfeld

all die ungelebten Revolutionen, die Aufmärsche, die durch keine Straßen gezogen und auf keine Plätze vorgerückt sind, all die Straßenschlachten, die nie stattgefunden haben, die Kriege, die niemanden auf dem Gewissen haben – sie haben sich hierher zurückgezogen, schlafen ihren seichten Schlaf in den erstarrten Beinen der Bleisoldaten, in den nie zu Ende geführten Bewegungen der Gliederpuppen, den leeren Blicken der Knopfaugen von Teddybären und Kasperlfiguren, die alle nur mühsam zu verbergen wissen, wozu sie große Lust haben: einmal, ein erstes und letztes Mal losschlagen und der heilen Welt den Garaus machen!

Christoph Janacs

Spielzeugmuseum

Wege zur Kunst

Tritt ein in die Welt der Bilder,
Exponate junger Wilder,
großer Kunst, die unvergänglich,
modern art, nicht leicht verständlich.

Horch, was dich die Bilder fragen,
jedes hat etwas zu sagen,
nimm sie auf mit allen Sinnen,
find Verborgenes in ihnen

und versuch sie zu verstehen,
dring hinein und lass geschehen,
dass dein Innres aufgewühlt,
des Schaffenden Empfinden fühlt.

Wolfgang Fels

Museum der Moderne, Mönchsberg

Schloss Mirabell

Dahinter, einen Olivenkernwurf entfernt, übers Dach drüber, befindet sich das schönste Standesamt der Welt. Sagt man. Vorne aber, hinter dem Rosengarten, hinter den Fenstern der hübschen Schießschartenfassade, abgedunkelt, abgeduckt, sonnenlichtscheu: die Männer und Frauen aus aller Herren Länder, die hier im Schlosse zu Mirabell geheiratet haben und noch nicht geschieden sind. Ich hocke hinter dem Fenster links außerhalb des Bildes, in zweiter Ehe, glückselig. Immer noch lächelnd wie ein Japaner oder ein Straßenbahnschaffner aus Wien. Ton ab, Kamera läuft. Und jetzt das Kommando: „Alle Glückspilze bitte ans Fenster treten! Achtung – jetzt!" Ich wiederhole: „Alle Glückspilze ... ans Fenster ... jetzt!"

Walter Müller

Schloss Mirabell

Sanctus

die Schwerkraft des Himmels
zieht Steine und Mauern in die Höhe
auf Planquadraten gläubiger Phantasie
himmeln Architekten sich an
und erden den Himmel
im irdischen Zerrspiegel
mit steinerner Miene

Fritz Popp

St. Peter

Barfuß
über die Wiese

im Kreis gedreht
Räder geschlagen
Seile geknüpft

Zeit geschabt von
den Steinen

gehofft auf
Rapunzels Haar

Roswitha Klaushofer

Festung Hohensalzburg

die Lehre der Leere

das also soll die Leere der Lehre sein? oder sollte ich lieber sagen: die Lehre der Leere? oder besser: die Lehre der Lehre? oder nicht doch: die Leere der Leere? phonetisch ist ja alles das Gleiche, wenn nicht gar dasselbe. aber semantisch? ergibt sich nicht doch eine klitzekleine, als marginal nicht abzuqualifizierende Differenz? hermeneutisch betrachtet sicherlich, aber dazu müsste ich den Autor und seine auktoriale Erzählhaltung – meint er es affirmativ oder euphemistisch oder nicht doch ironisch? – und deren Bedingungen kennen. dabei kenne ich ihn nicht, vermute sogar, dass er im Moment nicht anwesend, zumindest nicht präsent ist. wie soll ich da seine Terminologie einer rationalen Prüfung unterziehen? vielleicht gibt es ihn gar nicht, hat es ihn nie gegeben und seine Existenz ist eine reine Schimäre, die mich in die Irre führt. ist am Ende das die Lehre der Leere?

Christoph Janacs

Universitätsplatz

Einen Häuserblock weiter erreiche ich die Linzer Gasse, die zum zu Recht so genannten winzigen Platzl hinunterführt, von dem es direkt über die Staatsbrücke in die linke Altstadt geht. Auf dem Platzl selbst hat eine Gönnerin der Stadt einen kleinen, originellen Springbrunnen installieren lassen: Die im Straßenpflaster eingelassenen Düsen sprudeln in nicht vorhersehbarem Wechsel ihre Wasserstrahlen unabhängig voneinander einmal einen Meter und dann wieder nur einige Zentimeter in die Höhe. Vor allem an heißen Sommertagen üben sich Kinder im reaktionsschnellen Darüberlaufen und werden hin und wieder nass. Jetzt während der Nachtzeit ist er ausgeschaltet. Ich schwenke noch am Beginn des Platzls nach links in die schmale Steingasse, die wie ihr Gegenüber im Kaiviertel, das Herrengässchen, ein Bordell beherbergt.
Als ich vor dem angeblich seit 1794 bestehenden putzigen „Maison de plaisir" angekommen bin, verhalte ich meinen Schritt. Ich hatte die ersten Erfahrungen mit Etablissements dieser Art ja schon mit achtzehneinhalb Jahren, als mich Gregor in die Welt der roten Lampen mitgenommen hatte, sie mir finanziell ermöglichte. In den vergangenen fast zwanzig Jahren hat es mich immer wieder mal in Club-Bars gesogen, und auch vor dem „Maison de plaisir" stehe ich heute nicht zum ersten Mal. ... Damals notierte ich in mein Tagebuch über Frauen dieses Gewerbes: *Es sind Menschen, die im Zeichen der Roten Laterne agieren: Sie sind gierig und einfühlsam, ausbeutend und ausgelaugt, brutal und zärtlich, stolz und verletzt wie wir auch. Sie scheinen nur anders, weil vom Rotlicht beschienen.*[5]

Wolfgang Danzmayr

Steingasse

Todesschweigen

In düstren Träumen dämmern leere Tage,
verlieren schwindend sich in welkem Reigen.
Umfangen von des Daseins Todesschweigen
erstirbt in Schwermut längst vergangne Klage.

Und nächtlich dunkeln Schatten auf den Wegen,
umfängt uns eine Stille, die nie endet,
indes der Mond sich blassend von uns wendet
flehn Todgeweihte um des Himmels Segen.

Des leisen Leidens stummer Wille
streckt sehnsuchtsvoll die Arme nach dem Licht,
erhoffend, dass im Flüstern dieser Stille
kein düstrer Traum des Gehens unser Sein zerbricht.

Wolfgang Fels

Sebastiansfriedhof

Neue Mitte Lehen

Erste Halbzeit. Rudi Krammer, der Salzburger Wundertormann, hat soeben einen „Unhaltbaren" aus der Kreuzecke gehechtet und den Ball sofort ausgeworfen zu Günter Praschak. Praschak zu Macek. Macek zu Kibler, Kibler flankt in den Strafraum; Kodat springt hoch, Kodat springt höher als der Verteidiger und köpfelt das Leder in die Maschen. 3 : 0. Rudi Krammer ist, knapp 75, im Hospiz gestorben, für Praschak und Kodat durfte ich die Trauerreden halten. – Pausenpfiff.
Zweite Halbzeit. Artmann zu Böll, Böll zu Bachmann, Bachmann zu Grass, Grass zu Innerhofer, Innerhofer zu Stefan Zweig. Zweig zu Harry Potter. Potter zu Camus, dann Musil ... Zwischenstand: 1000 : 0. Verlängerung also, solang noch ein Mensch Augen unter den Brauen hat.

Walter Müller

Neue Mitte Lehen

Die Bildunterschrift weist das öde Gelände als Teil des Gaisbergs aus. Dass das zutrifft, glaube ich gerne, auch wenn ich es mit nichts beglaubigen kann, was ich selbst am Gaisberg gesehen habe und von ihm weiß. Die Verfremdung als fotografische Technik bewirkt, dass ich den Ort so noch nie kennengelernt habe, aber auch nicht widersprechen könnte, wenn er mit Kamtschatka oder Sibirien angegeben wäre. Nur dass es nicht der Mars ist, nehme ich an, weil sich auf diesem sicher keine Nadelbäume und vermutlich keine Steintafeln befinden. Zu welcher Tageszeit war der Fotograf hier heroben? Wichtiger als die Tageszeit ist die Tatsache, dass er sie jedenfalls benützt hat, um die Anmutung einer Endzeit herzustellen.

Karl-Markus Gauß

Restposten

aufgebrauchter Außenposten der Geschichte
auf dem bewaffneten Stadtberg
jetzt ohne Schießbefehl
dem friedlichen Namen gemäßer

der Himmel braucht keine Befestigung
und keine Wehrbauten
auch wenn die Welt voll Teufel wär

Fritz Popp

Franziski-Schlössl, Kapuzinerberg

An diesem Tag
das Wetter
aufgehoben die Zeit
das Jahr
gestern war
alles verschneit

Jetzt sind die Blätter
grün die Wiese
der Baum hat vieles
gesehen und der Stein
weiß vom Sturz
in die Tiefe

Roswitha Klaushofer

Mönchsberg

Ursulinenplatz

Links, in der Ursulinen- oder Markuskirche, hat man grad für Frieden in Syrien gebetet, inbrünstig, ökumenisch. Der Krieg aber geht weiter. Rechts, eine Kinderhandspanne neben dem Bildrand, oben, von der Humboldtterrasse aus, sind schon Dutzende Salzburger aufs Straßenpflaster in den Tod gesprungen, aufs Straßenpflaster, auf ein zufällig vorbeifahrendes Auto, werden noch Dutzende Salzburger in den Tod springen, wie auch der Krieg in Syrien nicht zu Ende gehen wird. Kaum Touristen, fast ausschließlich, nein: ausschließlich Salzburger, Einheimische, nicht einheimisch gewordene Einheimische. Der Krieg in der Seele geht weiter. Requiescant in pace, ruhet in Frieden, links wie rechts vom Bild, hier wie dort ... g'hupft wie g'sprungen.

Walter Müller

Ursulinenplatz

einmal ohne mich

es ist unerträglich! wo auch immer ich hinkomme, ich bin schon da. nichts geht ohne mich; offenbar bin ich unabkömmlich, zumindest hält man mich dafür. dabei liebe ich die Stille. nicht irgendeine; nicht die jungfräuliche Morgenstille, wenn der Tag noch nichts von sich weiß und die Nacht ihren Trauerflor dem Horizont zuträgt (da schlägt mein Puls mir schon zu laut), und auch nicht die sprichwörtliche Stille vor dem Sturm (ein abgeschmacktes Bild, ich weiß); selbst die Stille nicht, die ein Stromausfall verursacht und die reinigend wirkt auf mein Gemüt (namentlich in Einkaufszentren und Kaufhäusern, die ich tunlichst zu meiden suche; aber selbst dort begegne ich mir). nein, ich meine die Generalpause: dieses Loch in der Musik, in dem die Zeit stillzustehen scheint, diese Leere, in der nichts existiert als sie selbst. diesen Augenblick des Nichts suche ich, in dem ich – endlich! endlich! – nicht mehr vorkomme und einmal ohne mich bin

Christoph Janacs

Mozartplatz

Im Schutz der Wände

alles nur deshalb
um dieses
nagende Geräusch
das große Fressen
unter der Erde
nicht zu hören
die große Zersetzung
hintanzuhalten
nur deshalb
Schicht auf Schicht
stadtaufwärts
gebaut
Oberfläche auf Oberfläche
Komposition gegen Dekomposition

und die Gründerväter
des Himmels und der Hölle
sichern den Eingang

Fritz Popp

Franziskanergasse

Mensch, Jens, wie kannst du nur …?
Lässt mich Wahlsalzburger seit bald schon vier Jahrzehnten vor diesem Vexierbild, das mit „Domplatz" betitelt ist, tagelang rätseln, welchen Blickwinkel du gewählt hast eines frühen Morgens nach verregneter Nacht, Spiegelung inklusive.
„Schön" war der erste Eindruck, und „Was für ein stimmungsvolles, aussagekräftiges Foto!"
Doch danach ging's gleich los mit der Fragerei, was auf dem Bild wie zusammengehört.

Welche im Spiegel der Pfütze auf den Kopf gestellten Häuser sind das? Die gibt es auf dem Domplatz nicht, auch nicht diese farbigen Anstriche. Das Geschäftsschild links vorne – de facto links oben – ja, das muss eine Tabak-Trafik sein, das kenne ich aus ganz Österreich; und ja, in den Dombögen gibt es eine kleine Trafik. Dort habe auch ich schon oft im Vorbeigehen hinüber zum Kapitelplatz oder Richtung Franziskanergasse, oder auch von dort herkommend auf den Residenzplatz hinaus Tabakwaren rasch erstanden oder schnell mal im Vorübereilen kaufen wollen, wenn ich nicht allzu lange zuwarten musste, bis sich das Touristenpaar vor mir für die passenden Ansichtskarten oder ein kleines Salzburg-Souvenir entscheiden konnte. Dann endlich konnte ich mich am zum Residenzbrunnen hin leicht abschüssigen Sandboden erfreuen, an jenem erdig-schotterigen Naturgrund also, den die Stadtväter seit Jahren mit jeder nur denkbaren und meist eher unpassenden Pflasterung ersetzen wollen, obwohl das Regenwasser im sandig-erdig-schotterigen Naturboden schneller versickert als auf den asphaltierten Flächen.

Wie bin ich auf den Residenzplatz gekommen? Es geht hier doch um den Domplatz.
Aber diese gespiegelten Häuser stehen tatsächlich auf dem Residenzplatz! Ich bin extra nachsehen gegangen, weil ich es mir von der Fotografie alleine her nicht zusammenreimen konnte, was Jens mir hier zeigt, und endlich kann ich die anscheinend divergenten Bestandteile einander zuordnen.
Der Fotograf muss sich zwischen Marienstatue und dem linken Domeingang mit Blickrichtung auf die nordöstlichen Dombögen postiert haben, in deren Durchgang mit dem Tabakladen sich die gegenüberliegenden Häuser des Residenzplatzes spiegeln.

Jens, Mensch, da hast du mich aber jetzt tagelang sehr in Schach gehalten mit deiner verschlüsselten Anregung, Salzburgs touristische Pfade neu zu ersinnen.
Ach ja, ein Groß-Schachspiel befindet sich übrigens hinter uns, hinter den anderen Dombögen auf dem daran anschließenden Kapitelplatz …

Wolfgang Danzmayr

Domplatz

Das Labyrinth

Die Königin der Nacht
zündelt Rache
hinter dem Schloss

Papageno und Papagena
flöten ihr Glück

Im Labyrinth
der Wasserspiele
Tamino

Sittikus weiß den Weg

Pamina
verfolgt

Verwandelt
als Priesterin
die Königin der Nacht

Roswitha Klaushofer

Schloss Hellbrunn

In jeder Stadt schieben sich verschiedene historische Schichtungen ineinander, manchmal brechen sie berstend auf, was neue interessante Formationen ergibt, aber auch hässliche Wunden aufreißen kann. Auf dieser Miniatur aus dem Festungsbezirk sehe ich Altes wie die vergitterten Fenster, die früher sicher ohne Glas auskamen und eher Scharten waren, von denen das Land ringsum beobachtet wurde, und zwischen den Scharten, die bereits modernisiert sind, erhebt sich Neues, apart anzusehen in seinem Gegensatz, eine zeitgenössische Stele, vermutlich mit Plakaten oder Hinweisen auf bestimmte örtliche Einrichtungen. Der penibel gepflegte Boden wird von gesprenkelten Steinen durchzogen, die vielleicht Wege markieren, vielleicht Rinnen bilden, die dem Regenwasser zum Abfließen dienen. Man muss die Welt der äußeren Erscheinungen nicht immer als Ergebnis historischer Entwicklungen oder als Spiegel sozialer Beziehungen deuten, man kann sie, mitunter, wahrnehmen und festhalten, als wäre es ihr einziger Daseinsgrund, einen schönen grafischen Eindruck zu erwecken.

Karl-Markus Gauß

Festung Hohensalzburg

tönern

mag sein, man trifft hier die Töne richtig, aber selten
den richtigen Ton. los geht's und wie! so einfach: man
gönnte einst sommers den Stadtstreichenden einen
Landstrich, auf dass sie die Stadt durch Abwesenheit
verschönern; heute dürfen sie Stadtzeitungsverkäufer
spielen. immerhin. und her mit dem, was die meisten zu
wenig oder gar nicht haben. oder sein ist dein und dein
ist mein. eidig nein irdig nein irden ist die Schöpfung.
von Heiden nicht, das bezeugt sie erschöpfend, bis der
Krug bricht und die Geduld reißt. ein das Gebäude, den
Turm zu Brabbel, die Wolkenkuckucksheimat. los sind wir
noch lang nicht die falschen Töne

Christoph Janacs

Haus für Mozart

Sebastianskirche

Es kommt nur auf die Dosis an – Arznei oder Gift, Glück oder Tod. Der Wundermediziner Paracelsus hat rechts hinter den Bäumen seine Gedenkstätte, im kalten Kirchenmauerschatten. Und halblinks nach dieser Schotterkrümmung, heißt es, seien die Knochen aus Mozarts Verwandtschaft begraben, vom Herrn Vater, der Frau Gemahlin. Aber das ist nicht wichtig. Nur für die Fremdenführer und ihre ihnen nachtrabenden sterbensmüden Gäste. Rechts, dreihundert Meter weiter hinten, vor hundert Jahren, hat der Dichter Georg Trakl in einer Apotheke gearbeitet. Engel-Apotheke, ihm zum Hohn. Trakl, Poet und Sehnsuchtskranker, irre geworden in einem abscheulichen Krieg. Gift in den Händen, Gift in der Welt. Es kommt auf die Dosis an. Weiß das die gottverfluchte Welt?

Walter Müller

Sebastianskirche

Toscaninihof

Düster schweigen graue Wände,
fest verschlossen ist das Tor,
ist der Anfang schon das Ende?
Ratlos stehe ich davor.

Stumm sind längst der Orgel Lieder,
Masken starren leer und kalt
auf die dunklen Schatten nieder,
leise rauscht der nahe Wald.

Bin ich außen, bin ich innen,
flieh ich, geht man weg von mir?
Fragen quäln mein trübes Sinnen,
fest verschlossen bleibt die Tür.

Wolfgang Fels

Toscaninihof

Choral vor dem Erwachen der Stadt

gleich werden sich die Türen öffnen
und aus den Fenstern ertönen Musik und Meinung
das Pflaster, die Partitur für das große Schlagwerk
liegt aufgeschlagen und wartet auf die Rhythmusgeber
die sich tausendfüßig in Bewegung setzen werden
die Orgel des Verkehrs zieht die ersten Register
und bringt schnell die Mauern zum Beben
aber jetzt noch eine Generalpause
die immer kürzer ausfällt
als in der Erinnerung

Fritz Popp

Hagenauerplatz

Habe ich sommers dieses Geviert zu durchqueren, fällt es mir nicht schwer, Verdruss zu empfinden. Zu viele Touristen drängeln sich vor Mozarts Geburtshaus, um den richtigen Platz für ein schlechtes Foto zu suchen. Hier beginnt die Verbotszone der inneren Stadt, die vernünftige Einheimische, wenn es sich einrichten lässt, meiden. Jetzt ist kein Lebewesen zu sehen. Dennoch zeigt mir das Bild nicht die Würde einer von den drängenden Massen befreiten, nicht die Stille der gerade erst erwachenden Stadt. Es ist der Schrecken der Leere, den es in mir weckt: Denn was ist eine Stadt ohne ihre Bewohner? Sie sind es doch, die erst eine Stadt aus ihr machen!

Karl-Markus Gauß

Mozarts Geburtshaus

An sich ist es ein enger, gassenartiger Durchgang, der die Franziskanerkirche mit St. Peter verbindet beziehungsweise durch die heute nicht (mehr) vorhandenen Tore für Fuhrwerk und Fußgänger voneinander trennt. Das für die Fotografie verwendete Weitwinkelobjektiv bietet dem Betrachter eine Perspektive, die den Blick auf den im Hintergrund mächtig emporstrebenden, spätgotischen Kirchenbau zwingend hinlenkt.

So verhält es sich auch mit der Historie des ursprünglich spätromanischen Gotteshauses zu Ehren „Unserer lieben Frau".

Es mussten erst einige Hundert Jahre vergehen, bis Ende des 14. Jahrhunderts diese Kirche den nach Salzburg herbeigeholten Franziskanern zugesprochen wurde. Davor war sie die Stadtpfarrkirche gewesen, als erhaben sich zeigende Manifestation einer erwachenden, von Selbstbewusstsein erfüllten Bürgerschaft jenen erzbischöflichen Ambitionen gegenüber, welche den Dom als mächtigstes Sakralmonument favorisierten; der musste ja nach einem verheerenden Brand erst wieder, diesmal noch mehr Platz einnehmend, neu und höher gebaut werden.

An das niedrige romanische Langhaus ihrer Pfarrkirche ließ die reiche Bürgerschaft den mächtigen, gotischen Hallenchor anfügen – ein Zwitterwesen, halb deutsch-französische Kathedrale, halb hingeduckte Basilika.

Heute gilt dieses Haus Gottes den vielen Besuchern als schönster Kirchenbau Salzburgs. Die meisten haben am Eingang kaum wahrgenommen – in der Enge der Sigmund-Haffner-Gasse ist dies auch nur mit in den Nacken gelegtem Kopf möglich – , dass dieser romanische Eingang von einer überhohen, barocken Fassade samt Rundgiebel umgeben ist, so wie auch die Turmkuppel zweihundert Jahre lang eine barocke Zwiebel ertragen musste. Im Dunkel des romanischen Langhauses dann muss man sich beinahe vortasten, zum Licht hin, welches von den hoch aufragenden gotischen Fenstern den spätgotischen Chor-Anbau um vieles lichter, höher und weiträumiger erscheinen lässt, als er tatsächlich ist. Neben der im Bild sichtbaren Kirchenflanke existierte lange Zeit keine enge Franziskanergasse, sondern ein ob seiner Weite sogar den Domplatz übertreffender Freiraum. Alles, was auf dem Bild im Vordergrund zu sehen ist, existierte nicht, wurde erst von Erzbischof Wolf Dietrich am Beginn des 17. Jahrhunderts für seine Salome Alt ver- und zugebaut; wohl auch ein Versuch, die ihn störende Stadtpfarrkirche, die einer seiner Nachfolger, Colloredo nämlich, um 1790 sogar abreißen wollte, als möglichst unbedeutend dastehen zu lassen.

Hatten die Menschen damals, als es noch den weiten Platz gab, auch etwas Pflanzliches gedeihen lassen, wie die heute aufgestellten kleinen Buchsbäumchen mit den unter ihnen ihr sinnlich-verhangenes Rot dem Auge des Betrachters darbietenden Blumen?

Wolfgang Danzmayr

Franziskanerkirche

Museum der Moderne

Links, außerhalb des Bildes, gehen der Großonkel und seine letzte Liebe, die Frau Anna, Hand in Hand. Der Großonkel hat einmal, bei einem Seniorenmalwettbewerb, einen 1. Preis in seiner Altersklasse gewonnen: „Unser Heimathaus in der Steiermark". Im hohen Alter ist er erblindet, was ihn nicht daran hinderte, die Stadt Salzburg zu durchwandern, mit dem Blindenstock, vom Heim an der Hellbrunnerstraße über den Nonnberg und den Mönchsberg, am neuen Museum vorbei, nach Mülln, wo seine Mutter jahrelang im Siechenheim lag. Die Wege hat er nach Balladen bemessen, die er während des Gehens aufsagte: dreimal der „Erlkönig", zweimal „Die Bürgschaft", viermal „Der Taucher", dann müsste man beim Museum der Moderne angelangt sein. Und weitergehen …

Walter Müller

Museum der Moderne, Mönchsberg

Platzkonzert

der Platz dirigiert
das Orchester der Häuser
den Rhythmus bestimmen
die umsatzstarken Pflaster
die Nebengassen fallen
nach und nach ein
Glocken spielen mächtig auf
vom Credo bis zum Kredit
ist's nicht weit
taktlos
wer von Geld spricht

Fritz Popp

Alter Markt

Ratlos
im Kreis

Verkehr

der Schild
Bürger

dieser Stadt

Roswitha Klaushofer

Gaisberg

Verstummt bin ich
und du wohl auch

Wolfgang Danzmayr

Salzach

Nachwort

Die Poesie Salzburgs wird durch den Dialog der Stille der fotografischen Arbeiten mit den feinen literarischen Werken neu erobert.

Die fotografische Aufmerksamkeit richtet sich auf die minimalistische Aussage des zu fotografierenden Objektes, um „teilnehmendes Betrachten" zu fördern.

Der nicht aus Salzburg stammende Fotograf blickt von außen auf die Stadt, zeigt die Leere und Unauffälligkeit der Orte, um das aktive, teilnehmende Schauen zu vertiefen, zu verlangsamen. Die Veränderung des Blickwinkels auf die Stadt ermöglicht eigene Definition und Beziehung, da die Leere kreative Neuordnung zulässt.

Die Arbeiten der Salzburger Literaten füllen die entvölkerten und bedeutungsentleerten Orte mit neuem Sinn.

Der Betrachter erlebt ein Zu-sich-Kommen insbesondere durch die Inspiration und Wechselwirkung mit den Texten der Autoren.

Individuation und die Verkörperung des Einzelnen inmitten der Stadt wird Thema und lädt die Betrachter zu neuen Wahrnehmungsmustern ein.

Jens Riecke

Staatsbrücke

Wolfgang Danzmayr
war langjähriger Musik- und zuletzt auch Kulturleiter im ORF Salzburg. Komponist, Dirigent (www.orchesterprojekt.at) und Schriftsteller. Mehrere Lesungen in Salzburg, Hallein, Goldegg, Linz und Wien, sowie Veröffentlichungen in Literaturzeitschriften und Anthologien. Nach dem ersten Buch mit Erzählungen und Kurzprosa („Violetta & Co", 2007) arbeitet er derzeit an einem Roman und einer Autobiografie.

Wolfgang Fels
Dr. med., geboren 1942 in Salzburg, Allgemeinmediziner. Dabei war anfangs nicht die Medizin, sondern die Musik sein Lebensinhalt. Nach vielen Praxisjahren verschrieb er sich der Dichtkunst. Letzte Veröffentlichungen: Sinnig-Unsinniges (2010), Tagträume und Nachtgedanken (2013).

Karl Markus Gauß
1954 in Salzburg geboren, ist Schriftsteller, Essayist, Kritiker sowie Herausgeber und Chefredakteur der Zeitschrift „Literatur und Kritik" in Salzburg. 2007 erhielt er das Ehrendoktorat der Philosophie der Salzburger Universität. Zahlreiche Literatur-, Kultur- und Kunstpreise. Letzte Veröffentlichungen: Im Wald der Metropolen (2010), Ruhm am Nachmittag (2012), Das Erste, was ich sah (2013).

Christoph Janacs
geboren 1955 in Linz/OÖ., lebt in Niederalm/Sbg.; publizierte bislang die Romane Schweigen über Guernica (1989) und Aztekensommer (2001), die Erzählbände Das Verschwinden des Blicks (1991), Stazione Termini (1992), Gesang des Coyoten (2002) und Schlüsselgeschichten (2007) sowie zahlreiche Gedichtsammlungen, Aphorismen und Kurzprosa.

Roswitha Klaushofer
1954 in Salzburg geboren, lebt und arbeitet als Autorin und Instrumentallehrerin in Zell am See. Zahlreiche Publikationen, zuletzt erschienen: Zwischen Tagnacht und Hautbeginn – Gedichte (2006), Von irrlichternden Sonnen – Gedichte deutsch-spanisch (2010), Spiegelparade – Gedichte (2010).

Walter Müller
geboren 1950 in Salzburg, Journalist, Dramaturg, Schriftsteller, Trauerredner, 15 Buchveröffentlichungen, 25 Theaterstücke. Letzte Veröffentlichungen: Wenn es einen Himmel gibt ... (Trauerreden, 2012), Aus. Amen! (Krimi, 2012), Ich träumte es war Weihnachten ... (Texte zum Advent und zur Weihnachtszeit, 2012).

Fritz Popp
geboren 1957 in Vöcklabruck/OÖ., lebt als Schriftsteller, Literaturvermittler und BHS-Lehrer. Seit 1989 Autor des „AffrontTheaters Salzburg". Er schreibt Lyrik, Prosa, Kabarett- und Theatertexte sowie Beiträge für den ORF, Zeitschriften und Zeitungen. Staatsstipendium für Literatur 2005. Letzte Buchveröffentlichungen: Der Himmel, an dem ich wohne (2008), Gränzenlos beschrenkt (2009), Zusehend unberührt (2009), Keine Engel (2010), Unarten-Vielfalt (2012). www.fritzpopp.at

Jens Riecke (Fotograf)
1962 in Kassel geboren. Seit 1992 im Bereich der Werbe- und Kunstfotografie bundesweit und im europäischen Ausland tätig. Freie Projekte und Auftragsarbeiten sowie professionelle Werbefotografie in einem renommierten Großraumstudio. Lebt und arbeitet in Regensburg.

[1] Wolfgang Danzmayr: aus der Erzählung „La Violetta" in „Violetta & Co", Arovell 2007
[2] aus dem autobiografischen Projekt „In der Gangart eines Wolfs"
[3] aus der Erzählung „La Violetta" in „Violetta & Co", Arovell 2007
[4] aus dem Romanprojekt „Es ist ein Werden und Vergehen"
[5] aus der Erzählung „La Violetta" in „Violetta & Co", Arovell 2007